The Seriously Funny Coloring Book of CIRCLES

JACQUELINE KELLEY

Dedicated

To God my heavenly Father, my children and their children. The whole wide world, who enjoy **circles**!

Open your mouth

Parts your lips

Say ha-ha-ha

Get ready to color

CIRCLES!

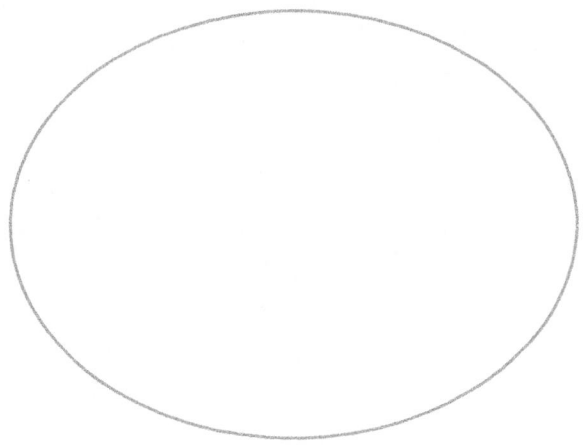

<u>CIRCLES!</u>

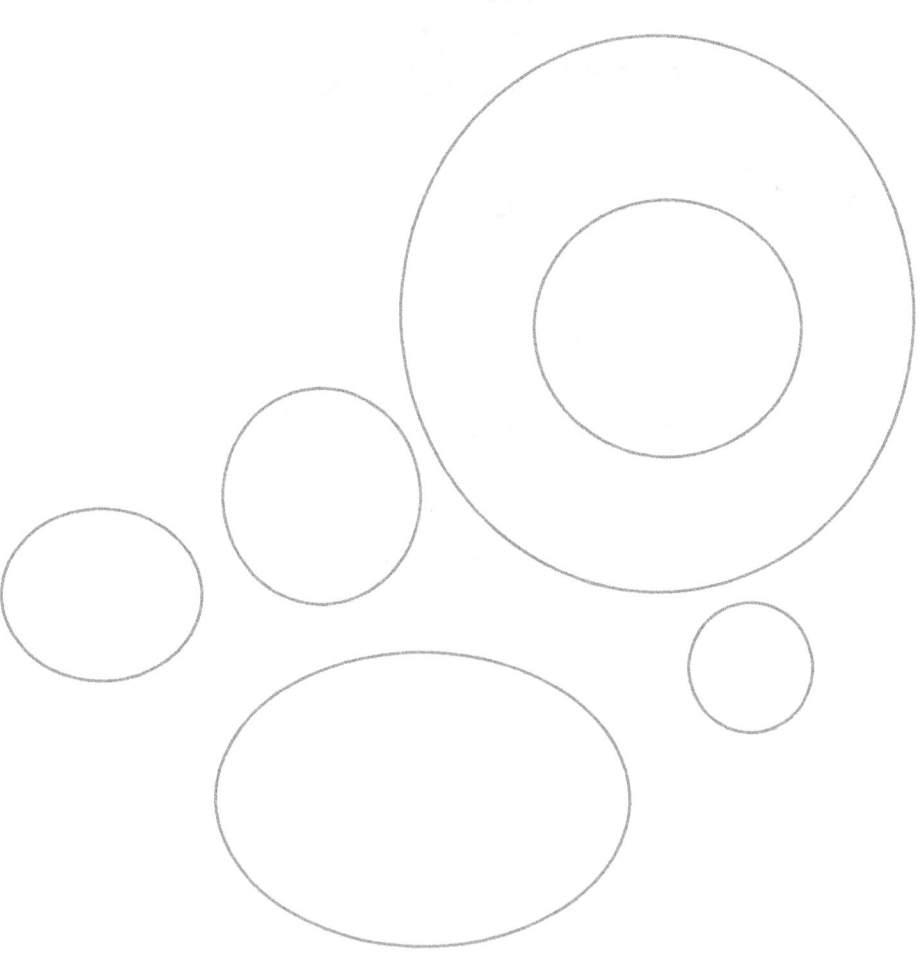

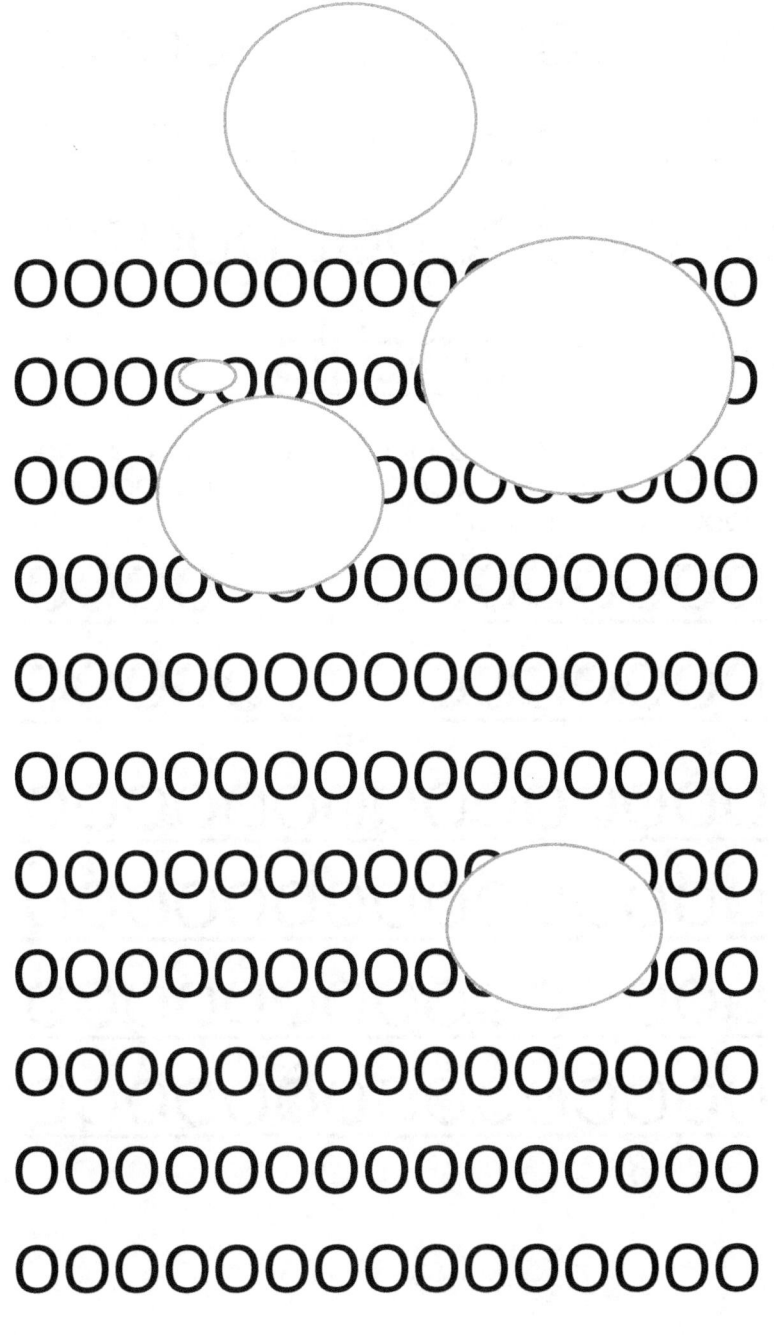

OOOOOOOOOOOOOOOOO
OOOOOOOOOOOOOOOOO
OOOOOOOOOOOOOOOOO

<u>CIRCLES</u>

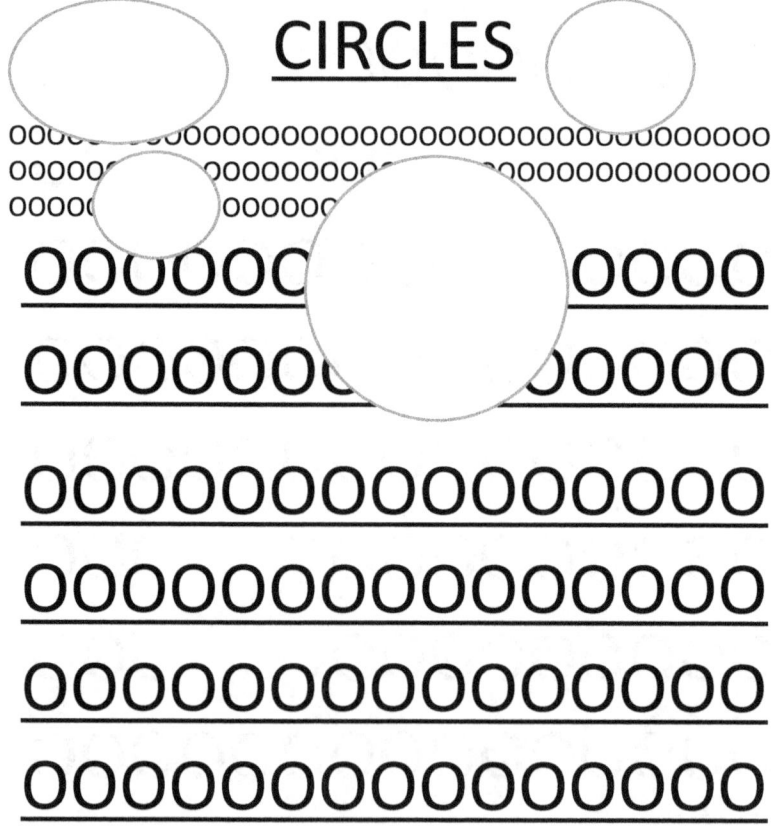

OOOOOOOOOOOOOOOOOOOOOOOOOOOOOOOOOOOO
OOOOOOOOOOOOOOOOOOOOOOOOOOOOOOOOOO
OOOOOOOOOOOO

<u>OOOOOO   OOOO</u>

<u>OOOOOOO   OOOOO</u>

<u>OOOOOOOOOOOOOOOOO</u>

<u>OOOOOOOOOOOOOOOOO</u>

OOOOOOOOOOOOOOOOO

<u>OOOOOOOOOOOOOOOOO</u>

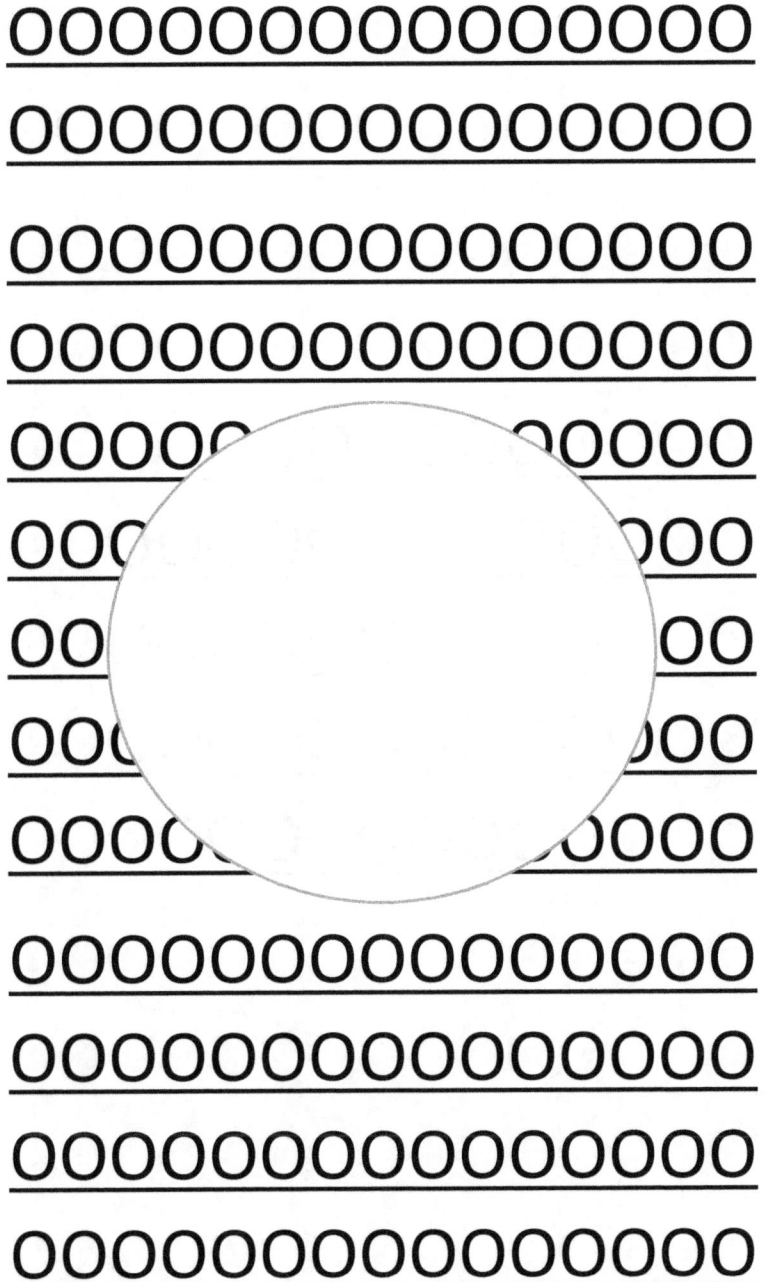

OOOOOOOOOOOOOOOOO

OOOOOOOOOOOOOOOO

OOOOOOOOOOOOOOOOO

OOOOOOOOOOOOOOOOO

OOOOO　　　　OOOOO

OOO　　　　　　OOO

OO　　　　　　　OO

OOO　　　　　　OOO

OOOO　　　　　OOOO

OOOOOOOOOOOOOOOO

OOOOOOOOOOOOOOOOO

OOOOOOOOOOOOOOOOO

OOOOOOOOOOOOOOOOO

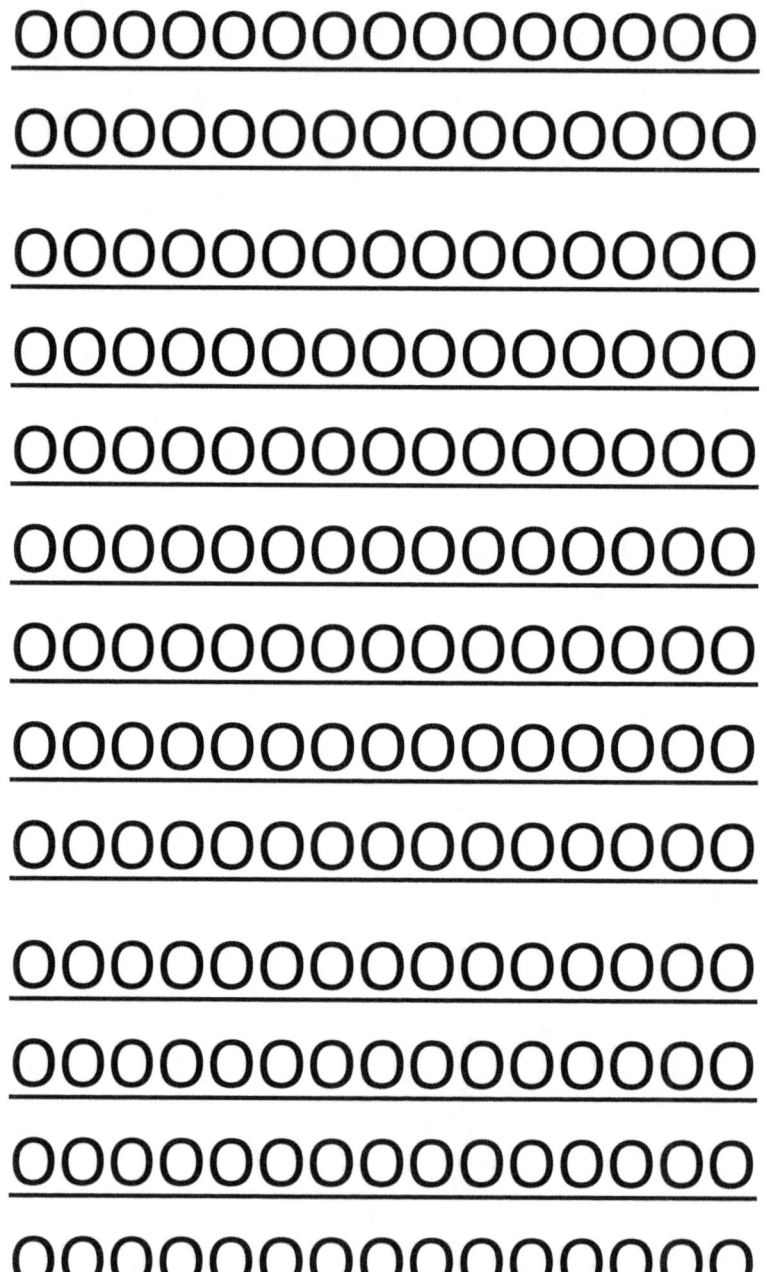

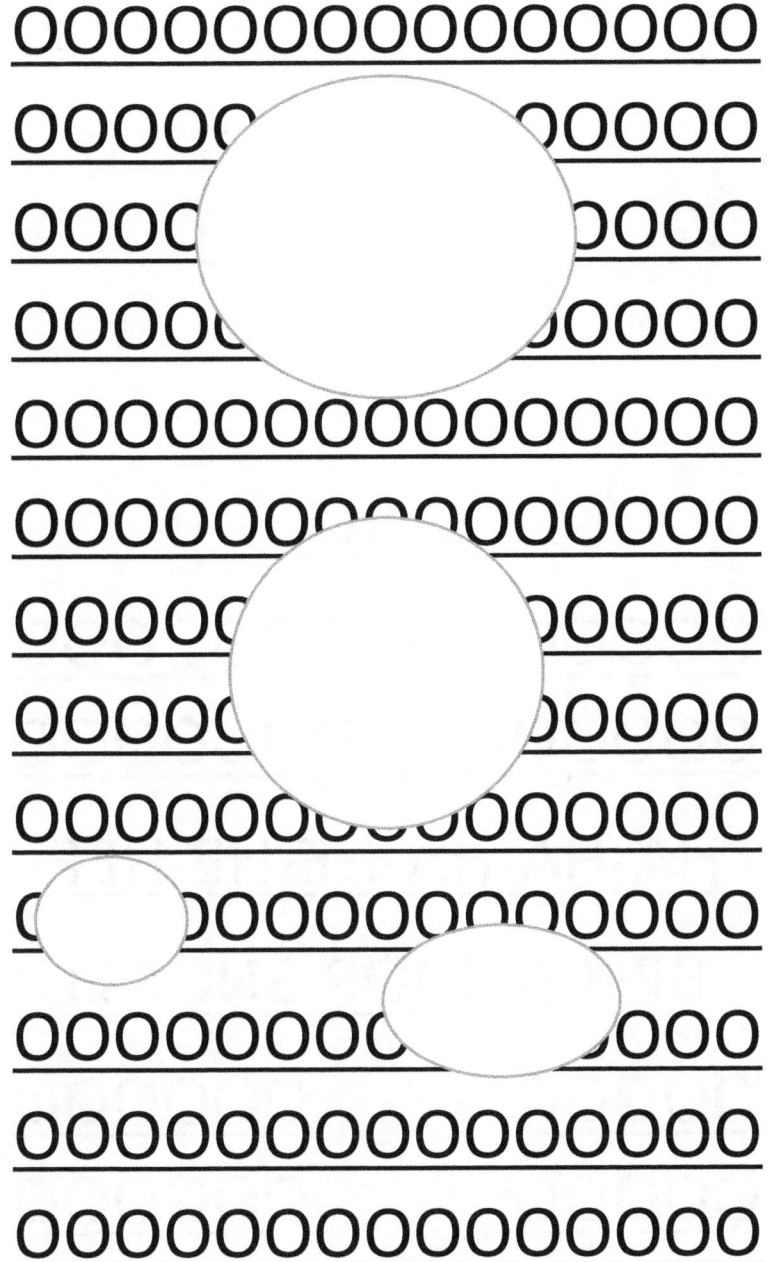

OOOOOOOOOOOOOOOOO

OOOO OOOOO

OOOO OOOOO

OOOOO OOOOOOO

OOOOOOOOOOOOOOOO

OOOOOOOOOOOOOOOO

OOOOOOOOOOOOOOOO

OOOOOOOOOOOOOOOO

HA-HA-HA-HE-HE-HEE

BELLY-HOOP-SNORT!

OOOOO OOOOOO

OOOOO OOOOOO

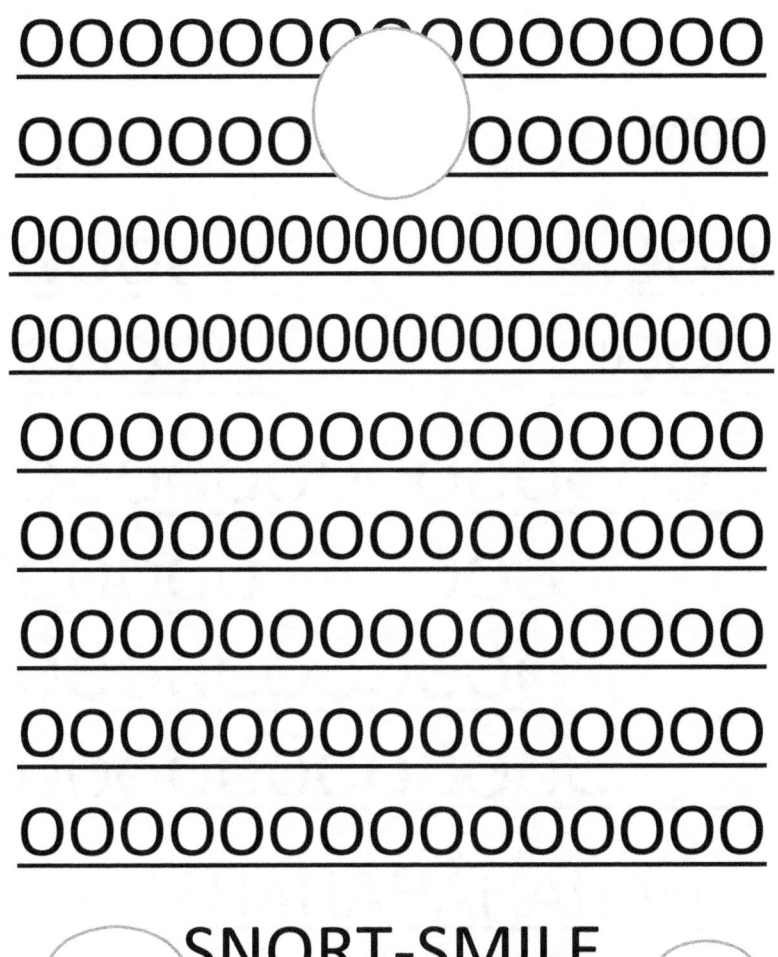

SNORT-SMILE

OOOOO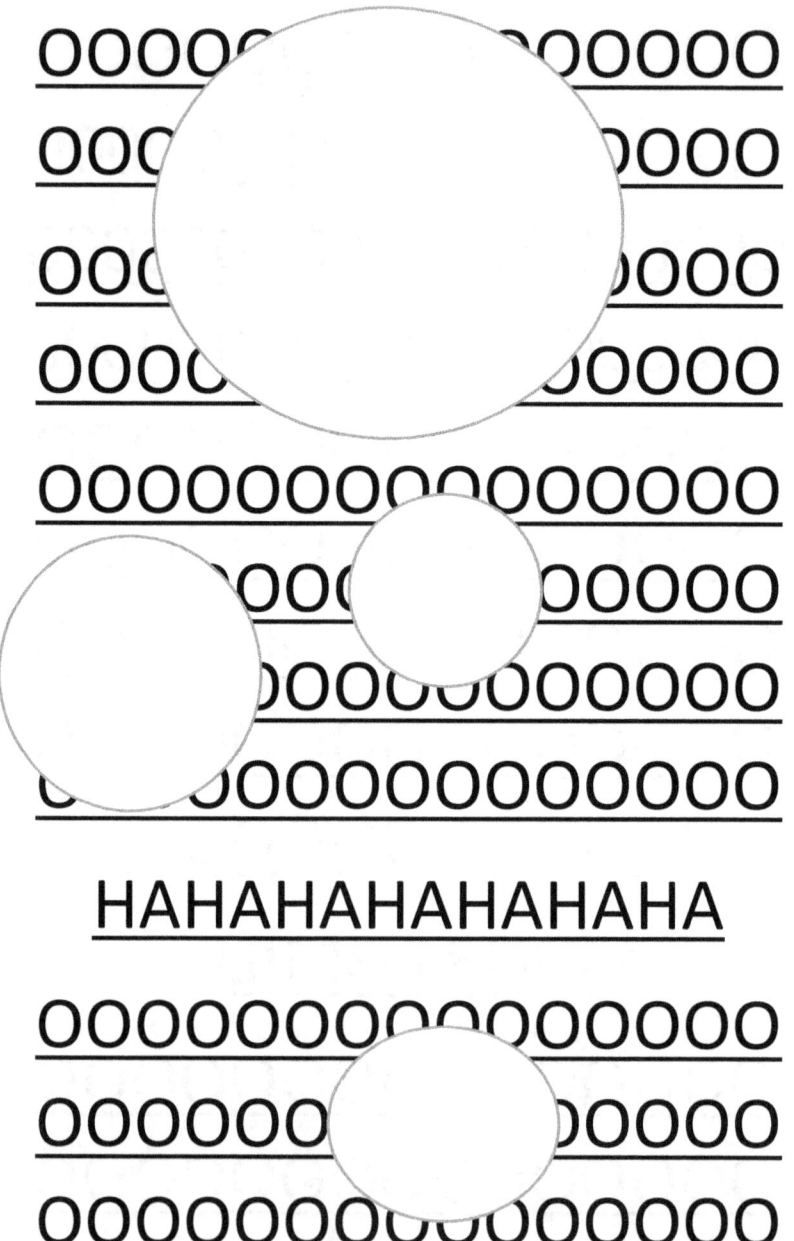OOOOOO
OOO OOOO
OOO OOOO
OOOO OOOOO

OOOOOOOOOOOOOOO
OOO OOOOO
OOOOOOOOOO
OOOOOOOOOOOOO

<u>HAHAHAHAHAHAHA</u>

OOOOOOOOOOOOOOOO
OOOOOO OOOOO
OOOOOOOOOOOOOOO

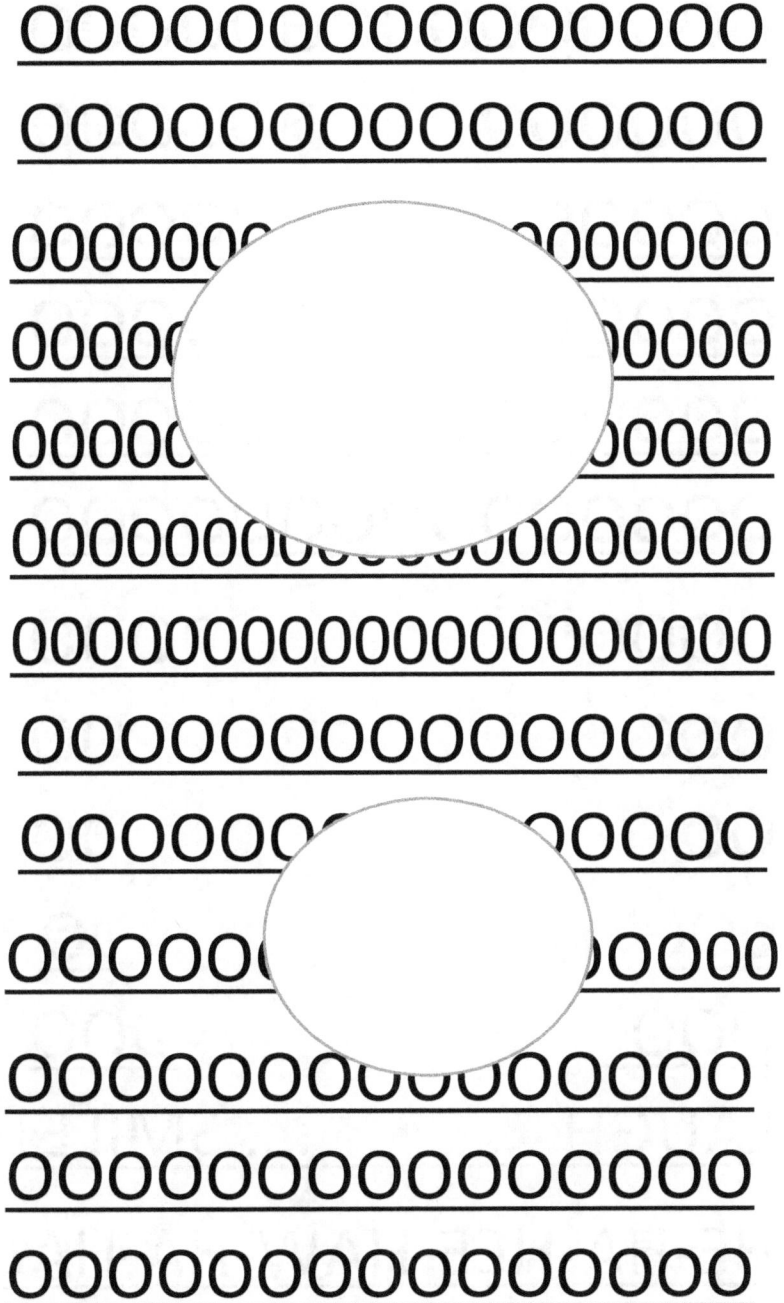

OOOOOOOOOOOOOOOO
OOOOOO OOOOO
OOOOO OOOOO
OOOOO OOOOO
OOOOOOO OOOOOOO
OOOOOOOOOOOOOOOO
OOOO OOOO
OOO OO
OO OO
oOO OO
OOO OOO
LAUGH............SMILE!

HE-HA-HEE-HAW-HA-HA!

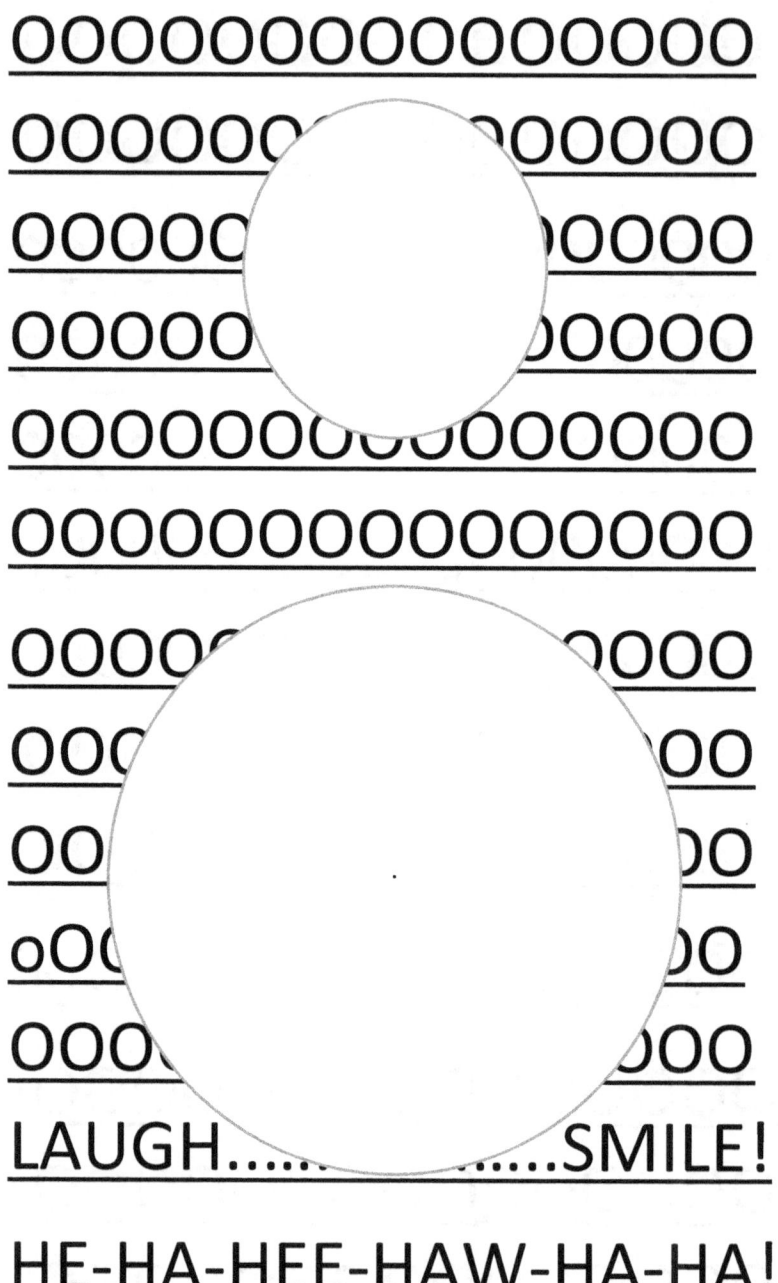

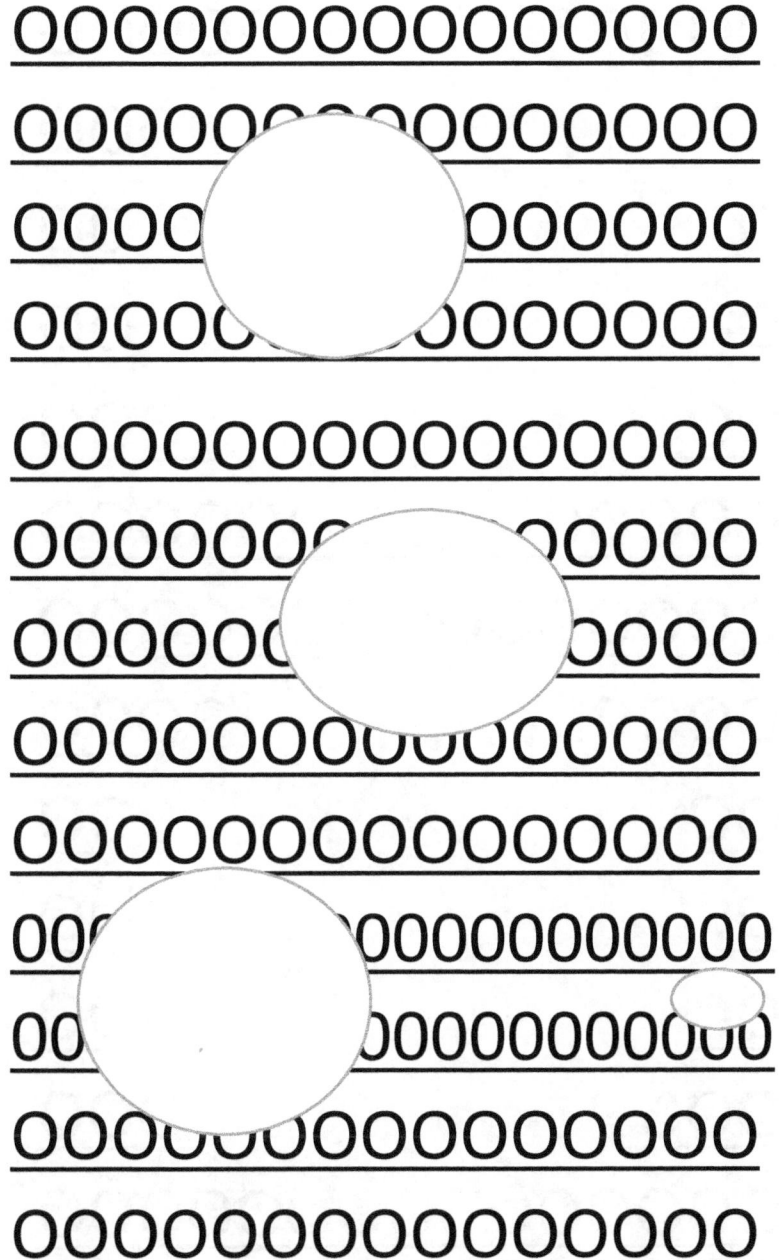

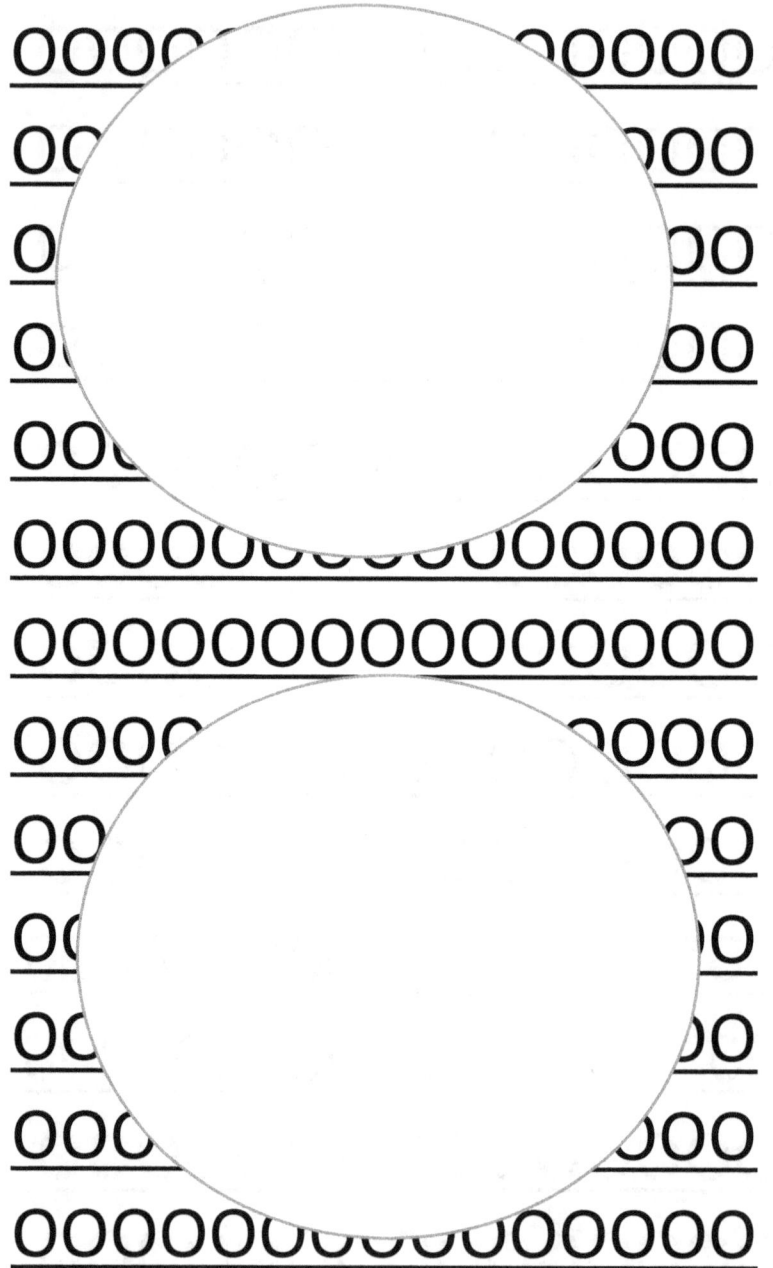

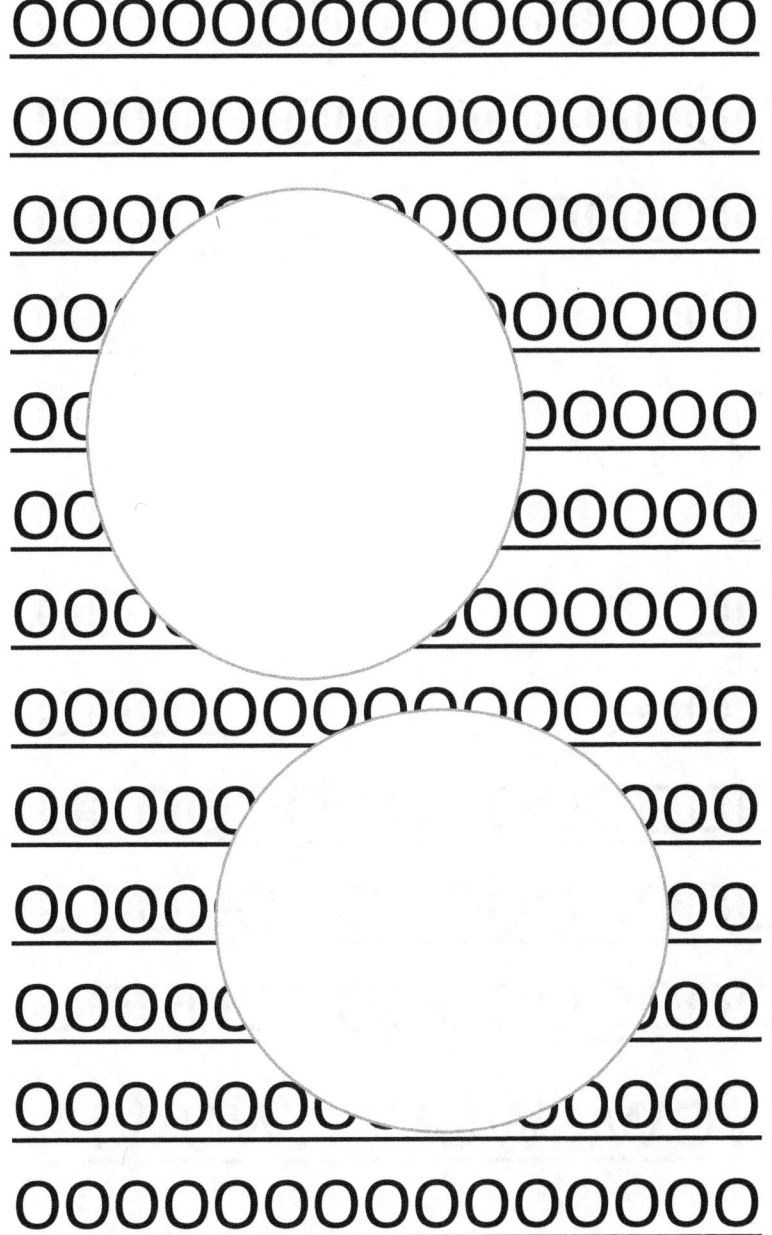

OOOOOOOOOOOOOOOOO
OOOOOOOOOOOOOOOOO
OOOOO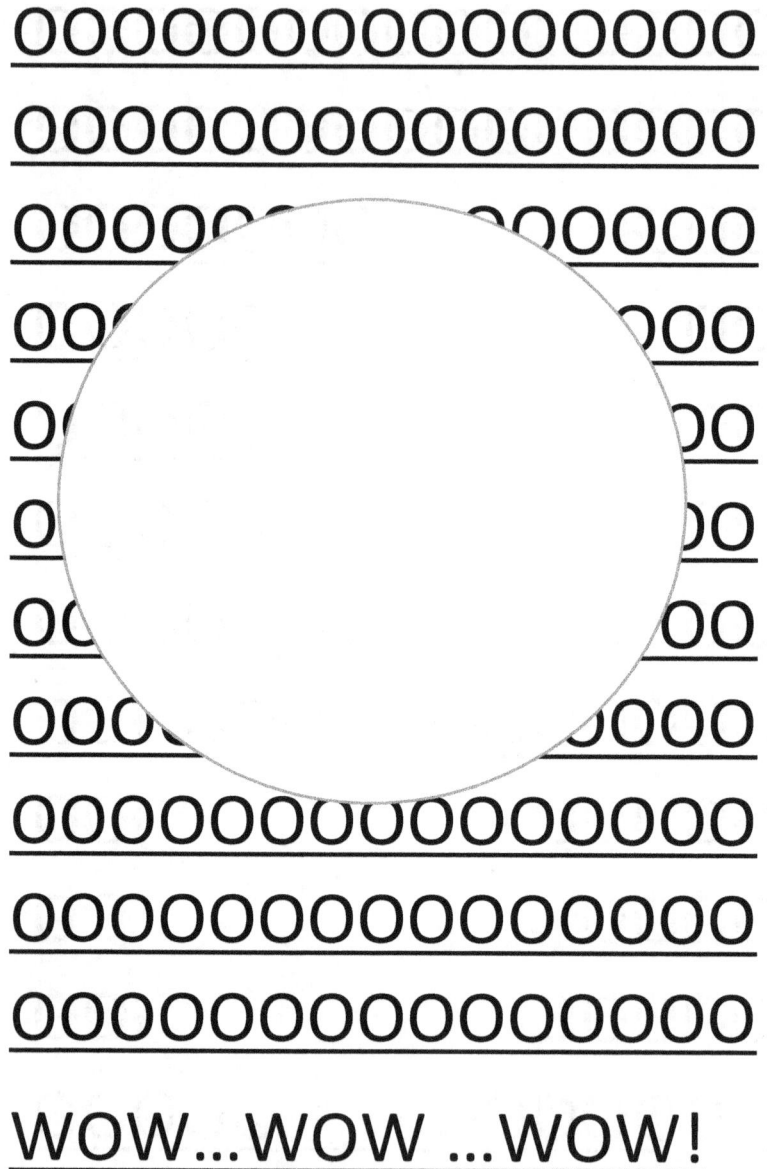OOOOOO
OOO
OO
O
OO
OOO
OOOOOOOOOOOOOOOOO
OOOOOOOOOOOOOOOOO
OOOOOOOOOOOOOOOOO

WOW...WOW ...WOW!

OOOOOOO O

OOOOOOOO OO

LA-LA-LA SMILE!

OO OOOOOOOO

OOOOO

OO OOO

O

OOOO OOOO O

OOOOOOOOO OOO

OOOOOOOOOOOOO

OOOOOOOOOOOOOOO

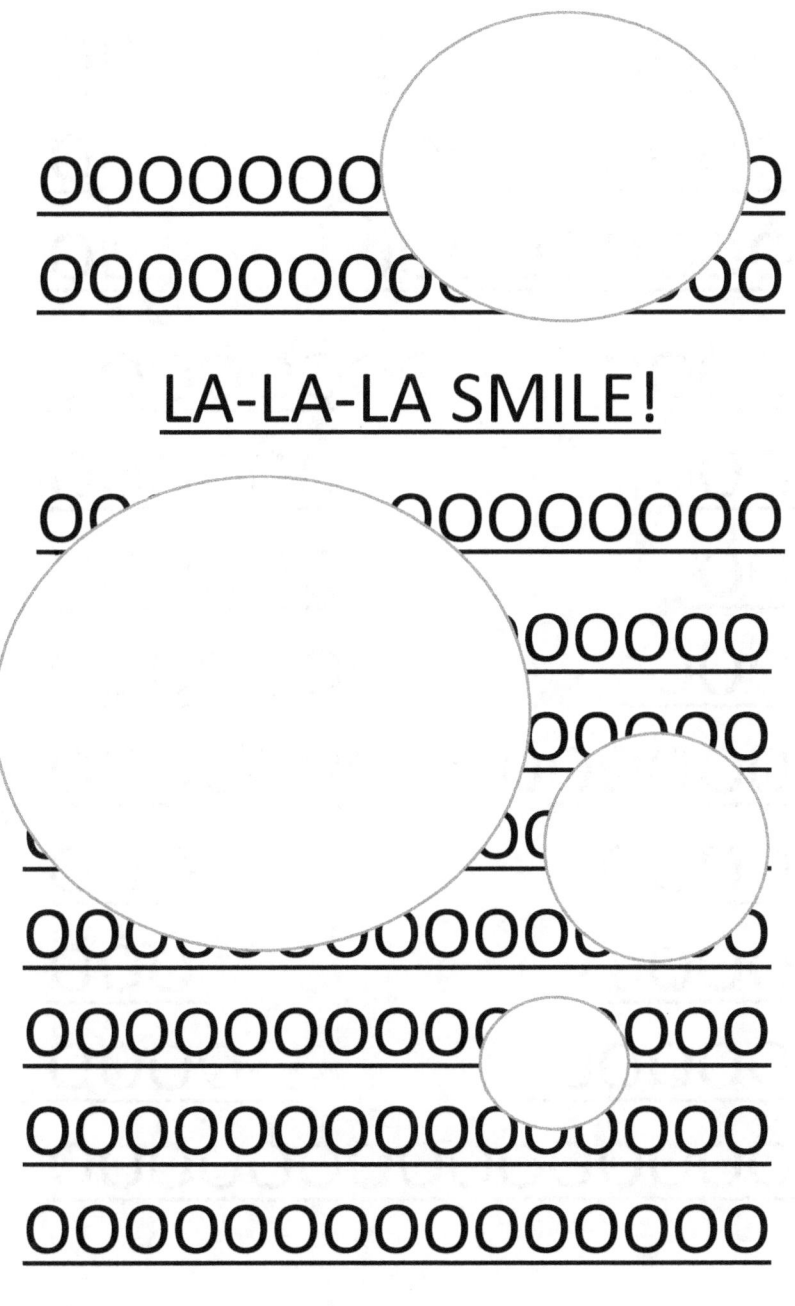

OOOOOOOOOO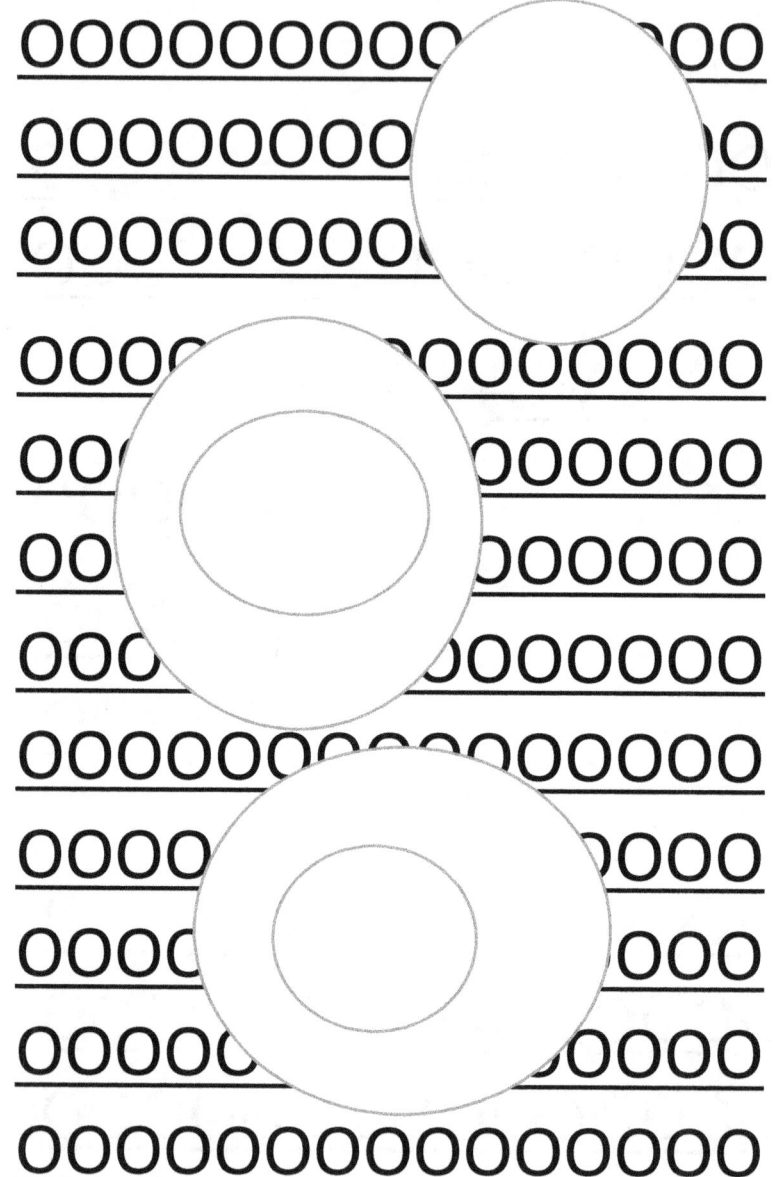OO
OOOOOOOO OO
OOOOOOOOO OO
OOOO OO OOOOOOOO
OOO OOOOOOO
OO OOOOOO
OOO OOOOOOO
OOOOOOO OOOOOOO
OOOO OOOO
OOOO OOO
OOOOO OOOOO
OOOOOOOOOOOOOOOOO

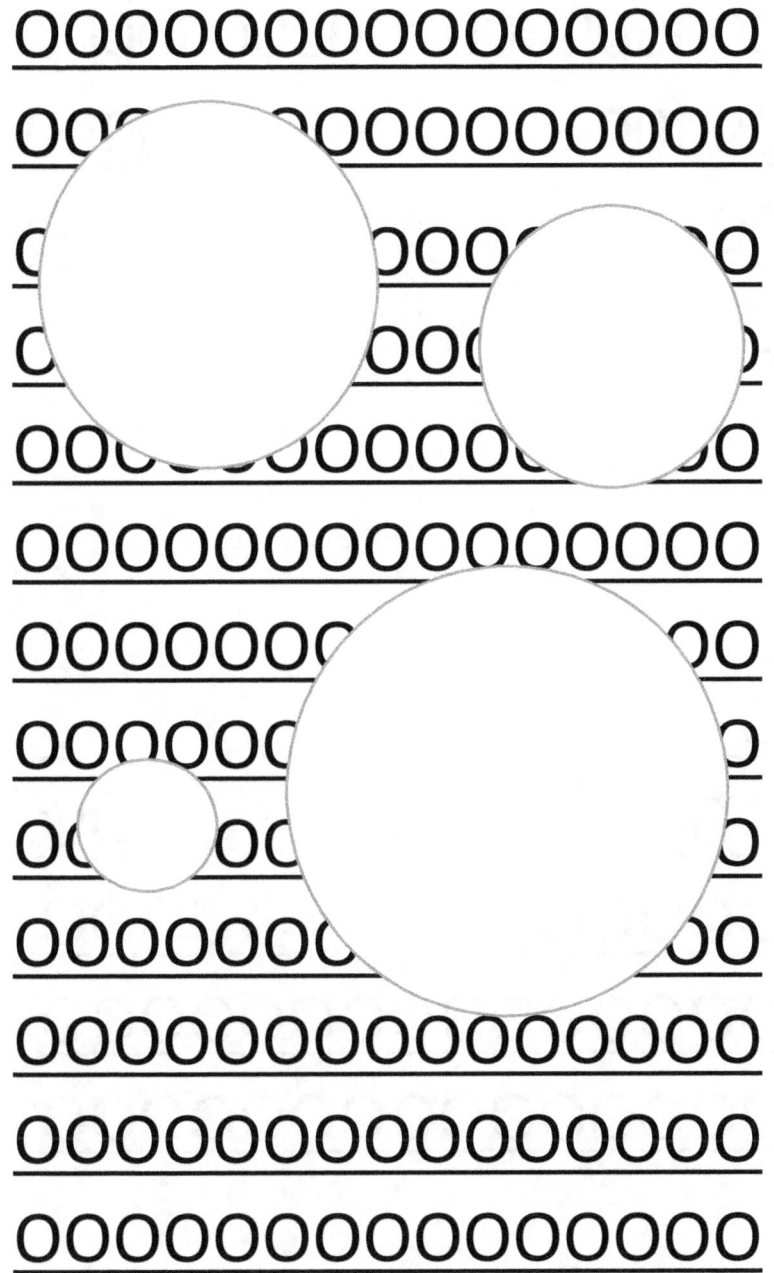

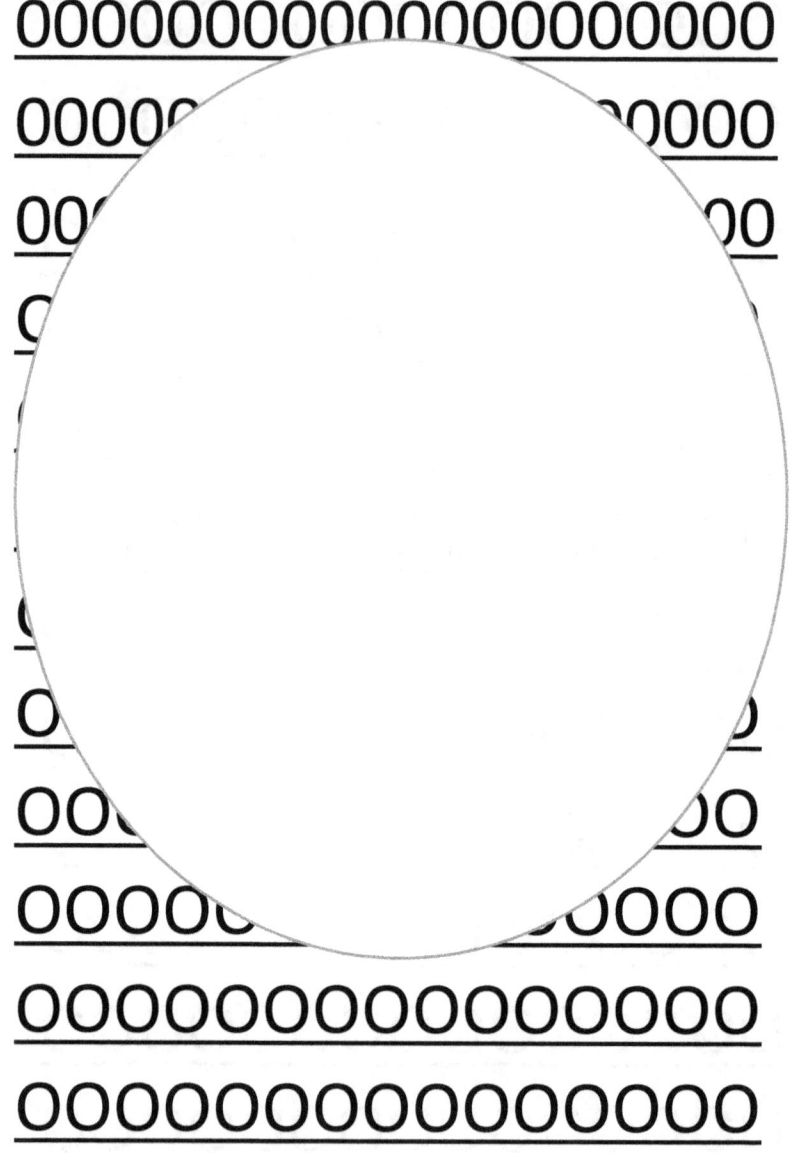

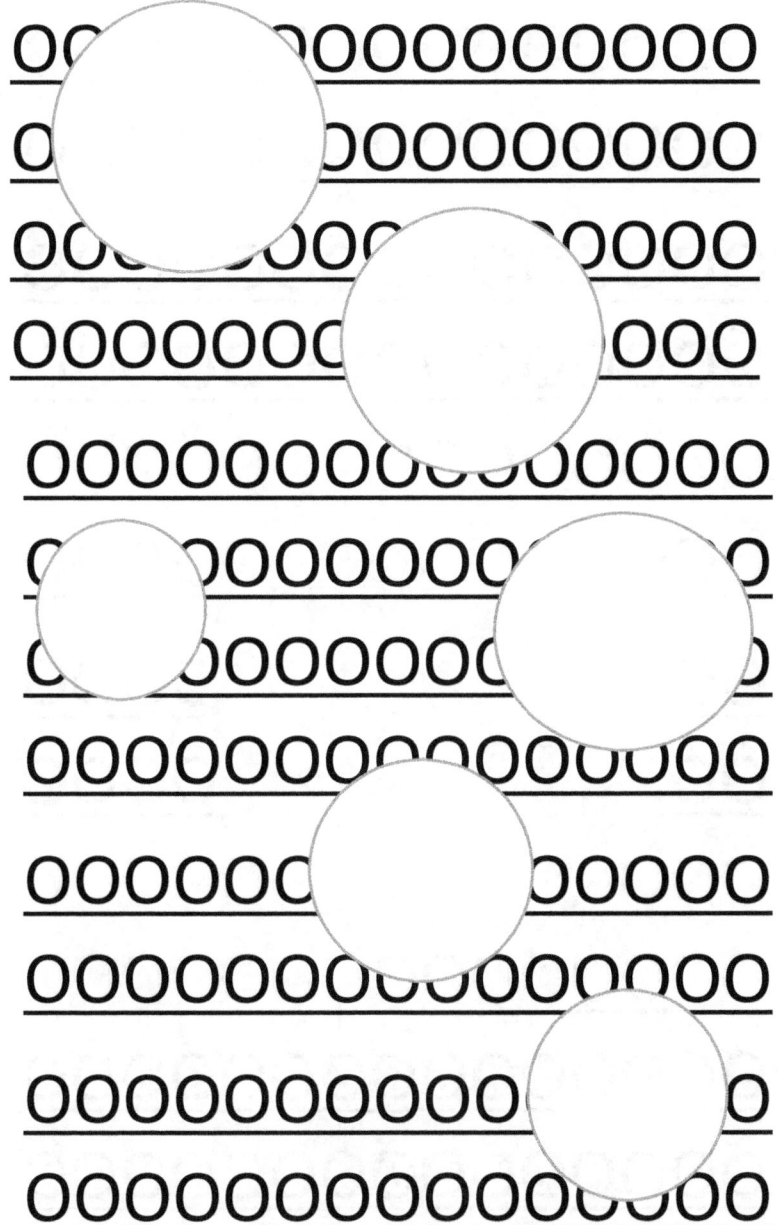

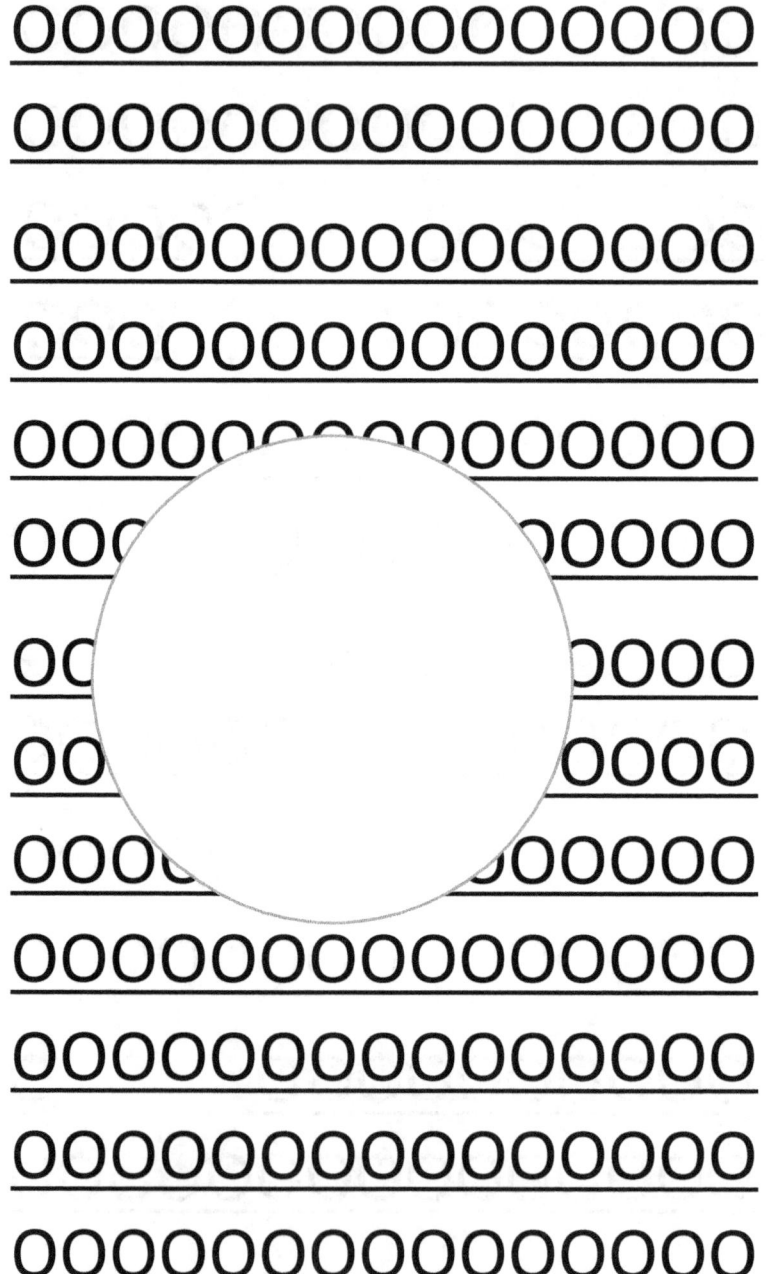

OOOOOO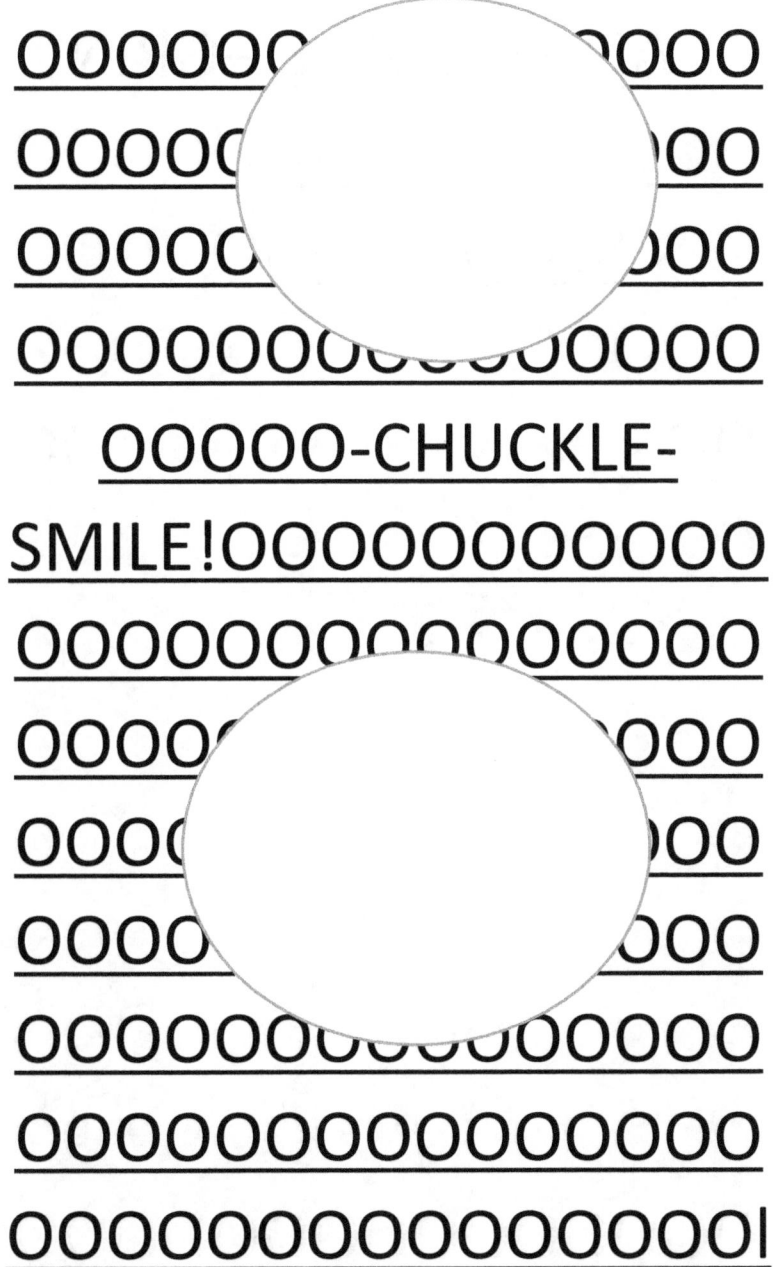OOOO
OOOOO OOO
OOOOO OOO
OOOOOOOOOOOOOOOO
OOOOO-CHUCKLE-
SMILE!OOOOOOOOOOOO
OOOOOOOOOOOOOOOOO
OOOOO OOO
OOOO OOO
OOOO OOO
OOOOOOOOOOOOOOOO
OOOOOOOOOOOOOOOOO
OOOOOOOOOOOOOOOOOl

LAUGH-SMILE –GRIN

OOOOOOOOOOOOOOOO

OOOOOOOOOOOOOOOO

OOOOO OOOO

OO OO

O O

O O

O O

OOO OOO

OOOOOOOOOOOOOOOO

OOOOOOOOOOOOOOOO

OOOOOOOOOOOOOOOO

OOOOO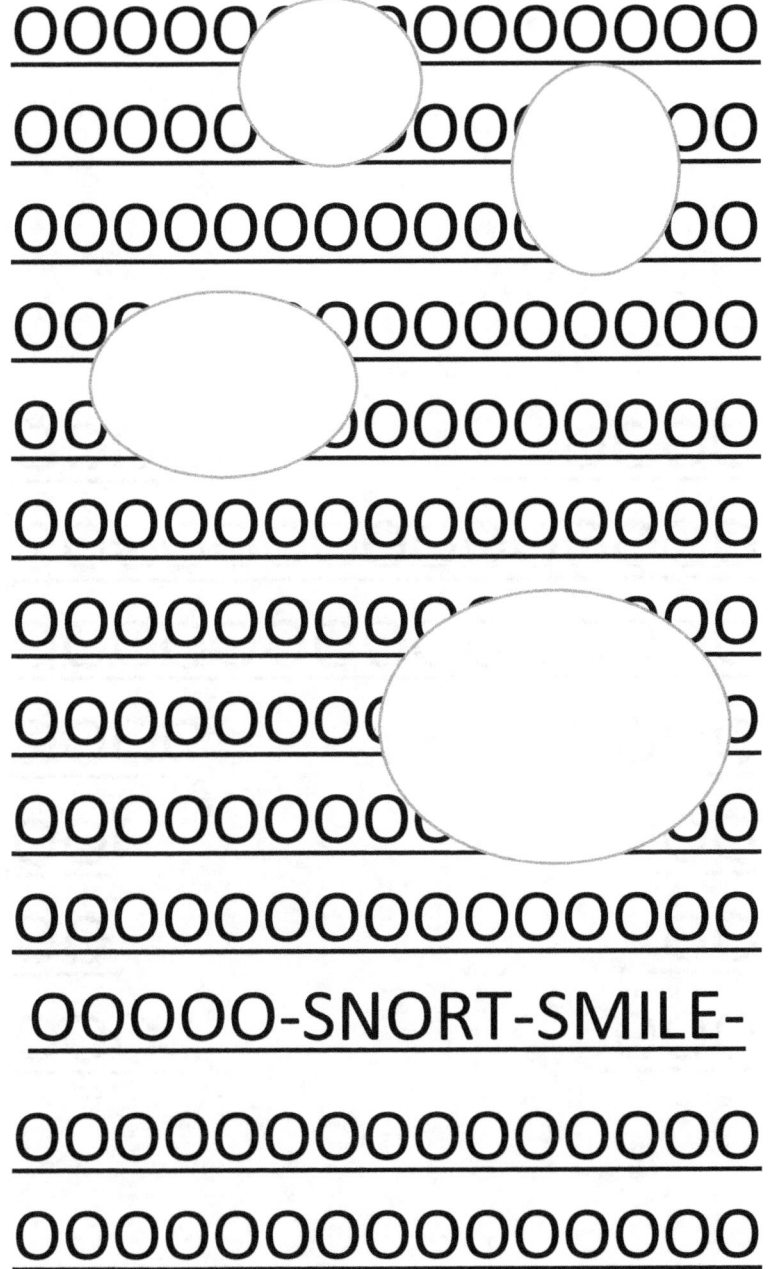OOOOOOOO
OOOOO OOO OO
OOOOOOOOOOO OO
OOO OOOOOOOOOO
OO OOOOOOOOO
OOOOOOOOOOOOOOO
OOOOOOOOO OOO
OOOOOOOO O
OOOOOOOO OO
OOOOOOOOOOOOOO
OOOOO-SNORT-SMILE-
OOOOOOOOOOOOOOO
OOOOOOOOOOOOOOO

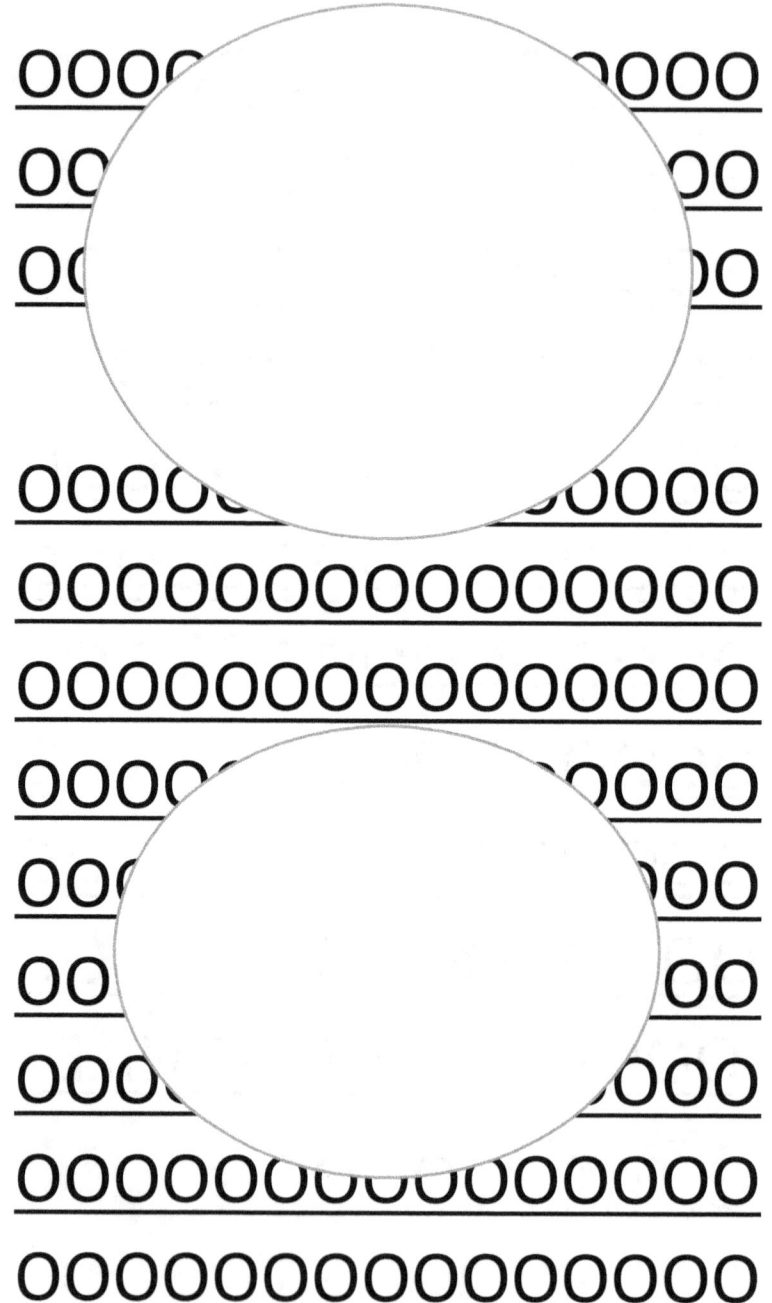

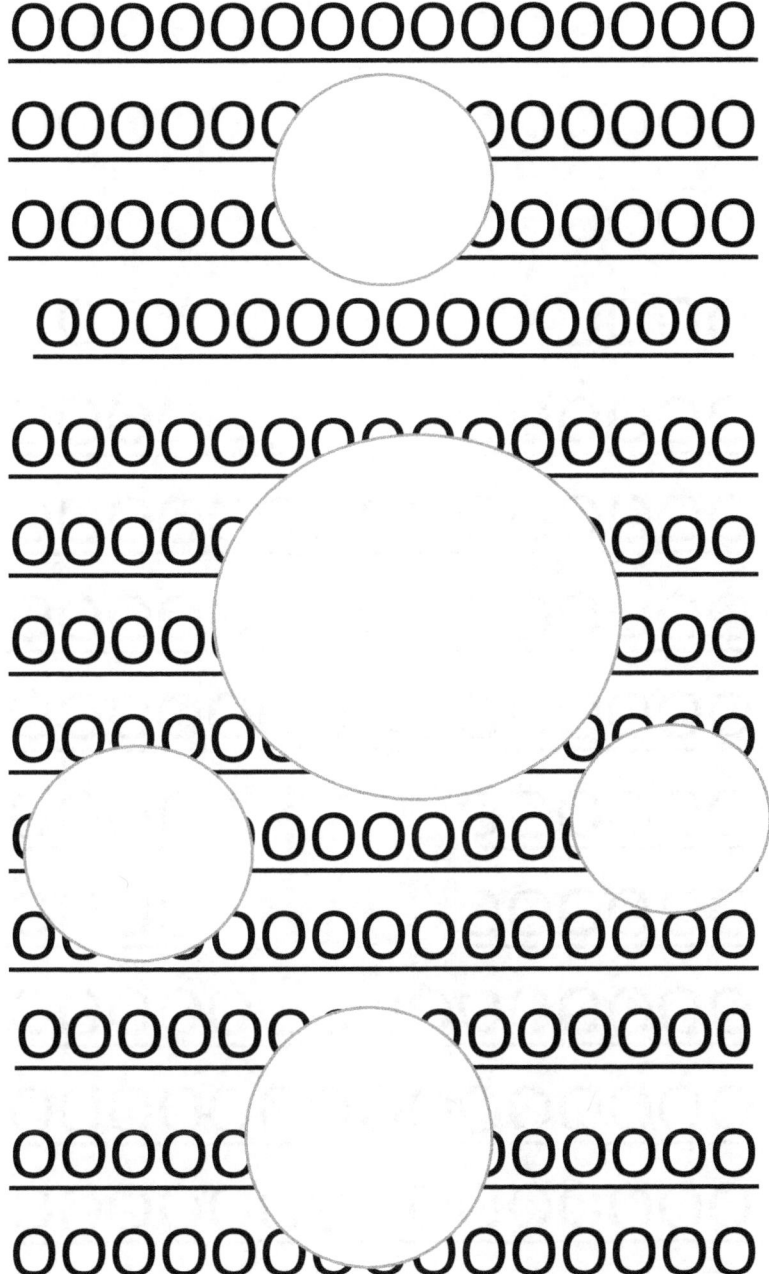

OOOOOOOOOOOOOOOO
OOOOO OOOO
OOOO OOO
OOOO OOO
OOOOO OOOO
OOOOOOOOOOOOOOOO
OOOOOOOOOOOOOOOO
OOOOOOOOOOOOOOOO
OOOOOO OOOO
OOOOOO OOOO
OOOOOOOOOOOOOOOO
OOOOOOOOOOOOOOOO
OOOOOOOOOOOOOOOO

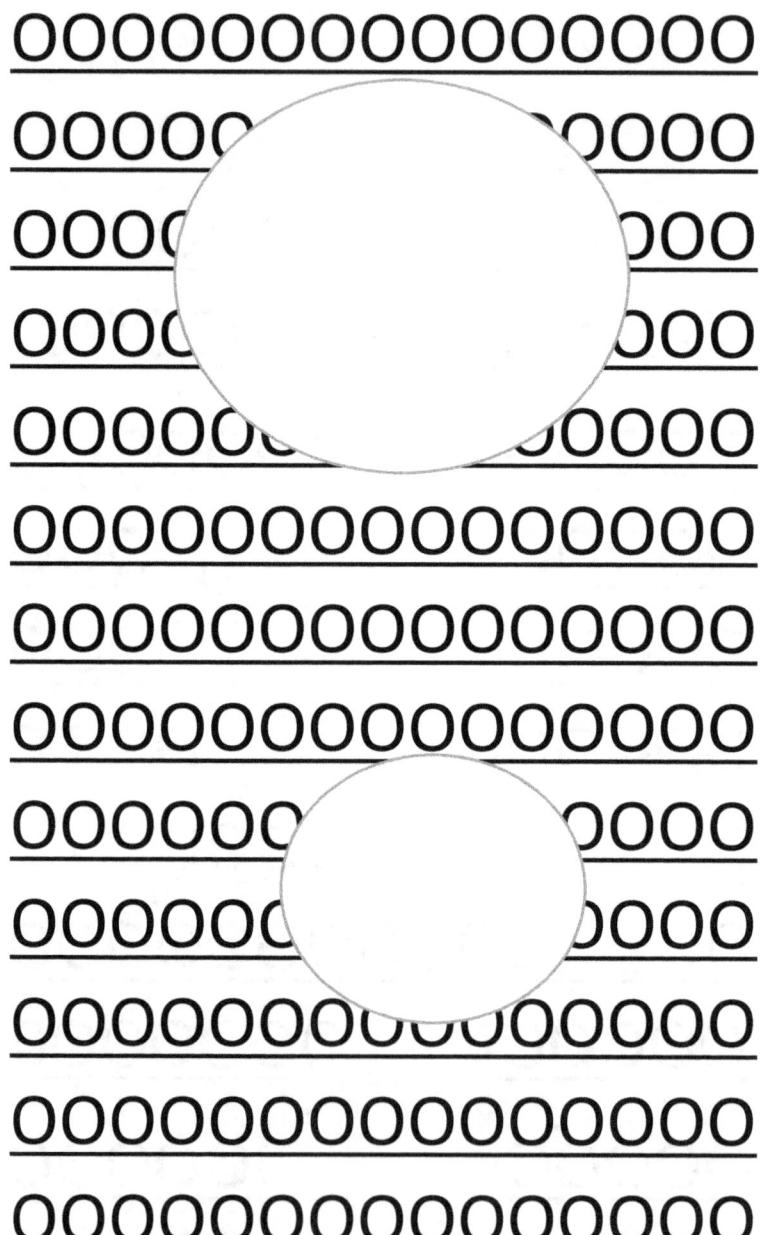

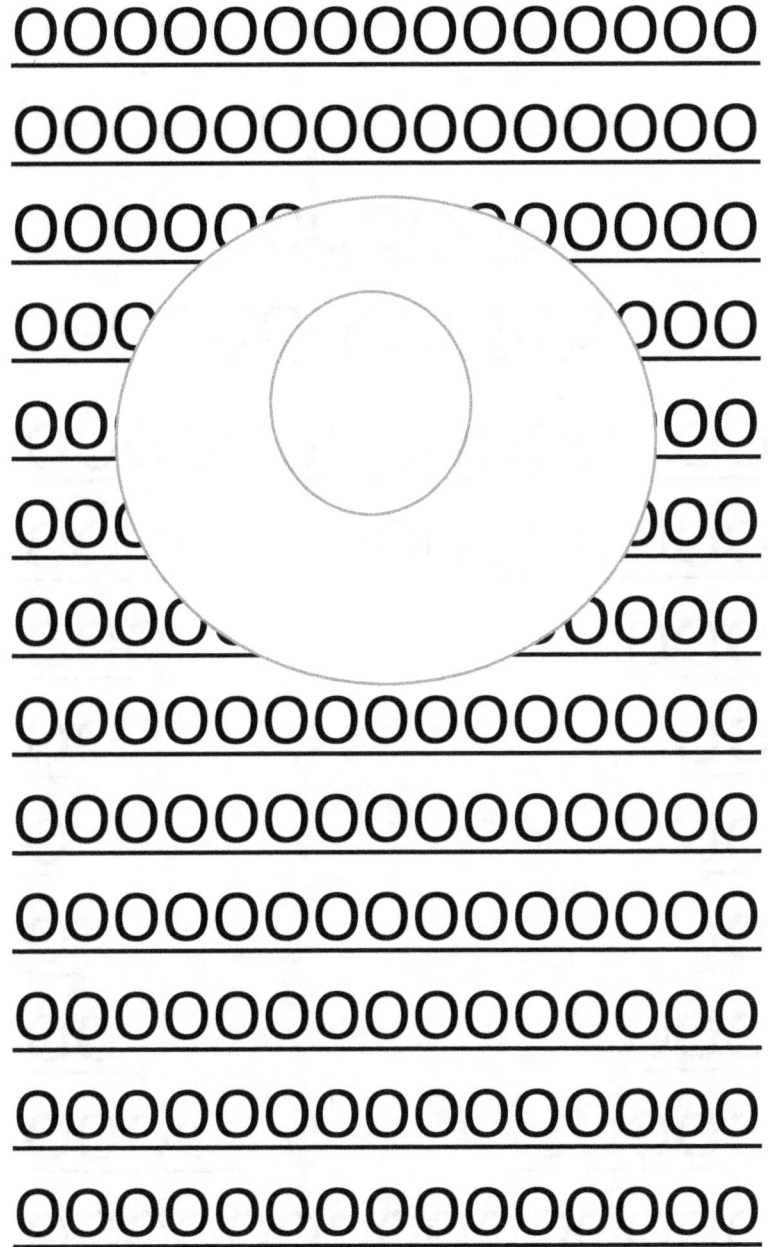

OOOOOOOOOOOOOOOOO

OOOOOOOOOOOOOOOO

OOOOOOOOOOOOOOOO

OOOOOOOOOOOOOOOO

OOOOOOOOOOOOOOOO

OOOOOOOOOOOOOOOO

OOOO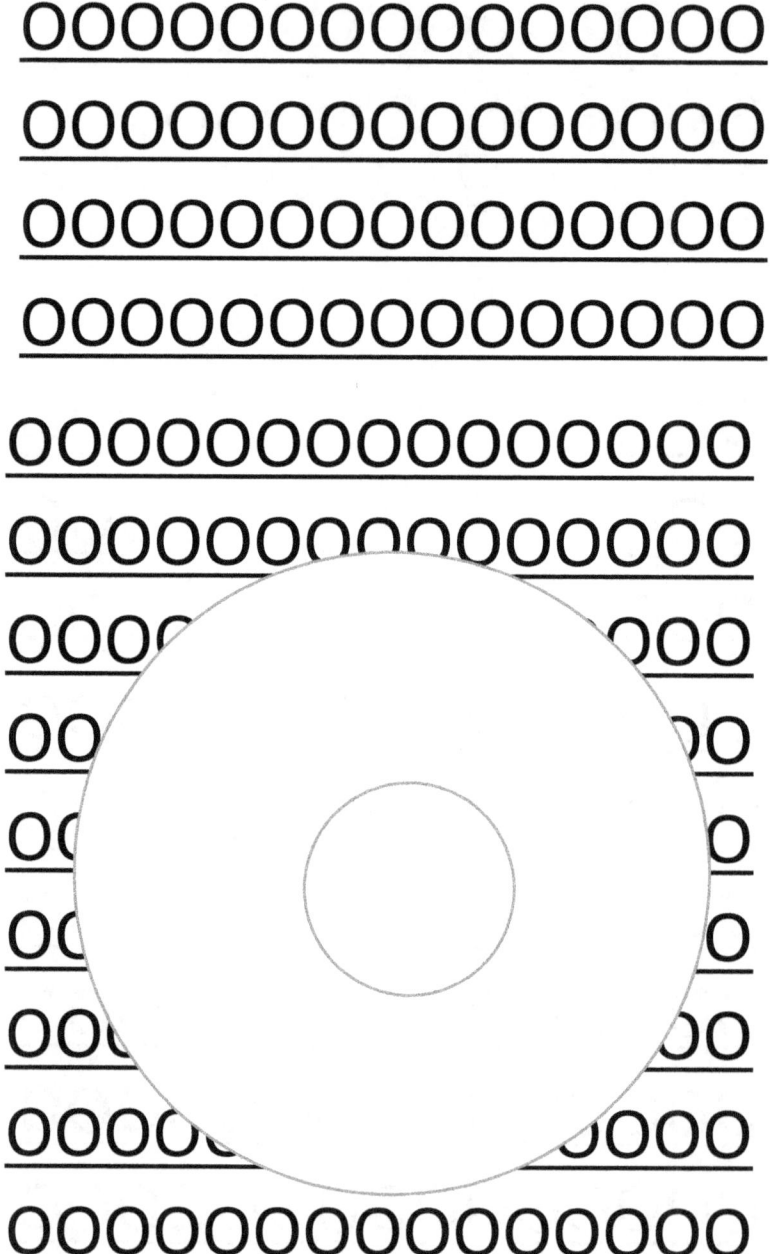OOO

OO OO

OO O

OO O

OOO OO

OOOO OOOO

OOOOOOOOOOOOOOOO

OOOOOOOOOOOOOOOO

OOOOOOOOOOOOOOO

OOOOOOOOOOOOOOOO

OOOOOOOOOOOOOOOO

OOOOOOO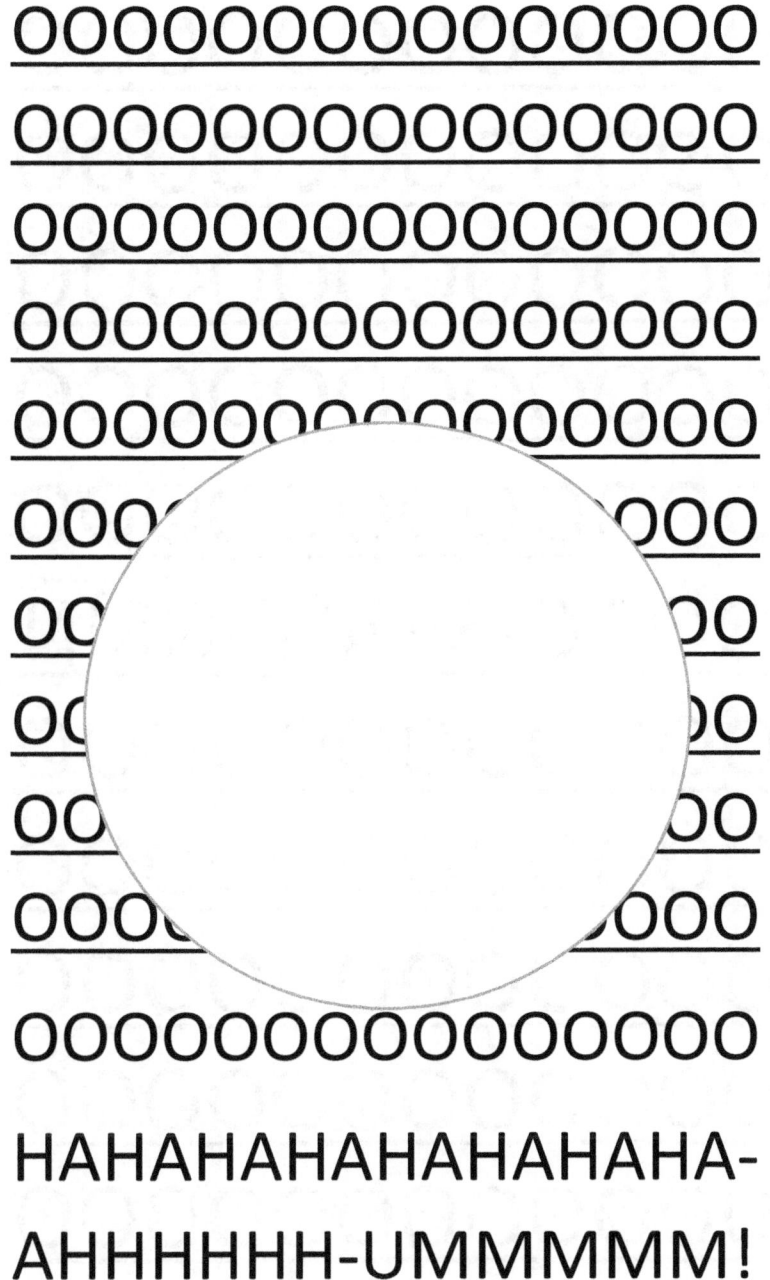OOOOOOO

OOOO OOO

OO OO

OO OO

OO OO

OOOO OOOO

OOOOOOOOOOOOOOOO

HAHAHAHAHAHAHAHA-
AHHHHHH-UMMMM!

OOOOOOOOOOOO

OOOOOOOOOOOO

OOOOOOOOOOOO

OOOOOOOOOOOO

OOOOOOOOOOOO

OOOO-SMILE-GRIN

OOOOOOOOOOOO

OOOOOOOOOOOO

OOOOOOOOOOOO

OOOOOOOOOOOO

OOOOOOOOOOOO

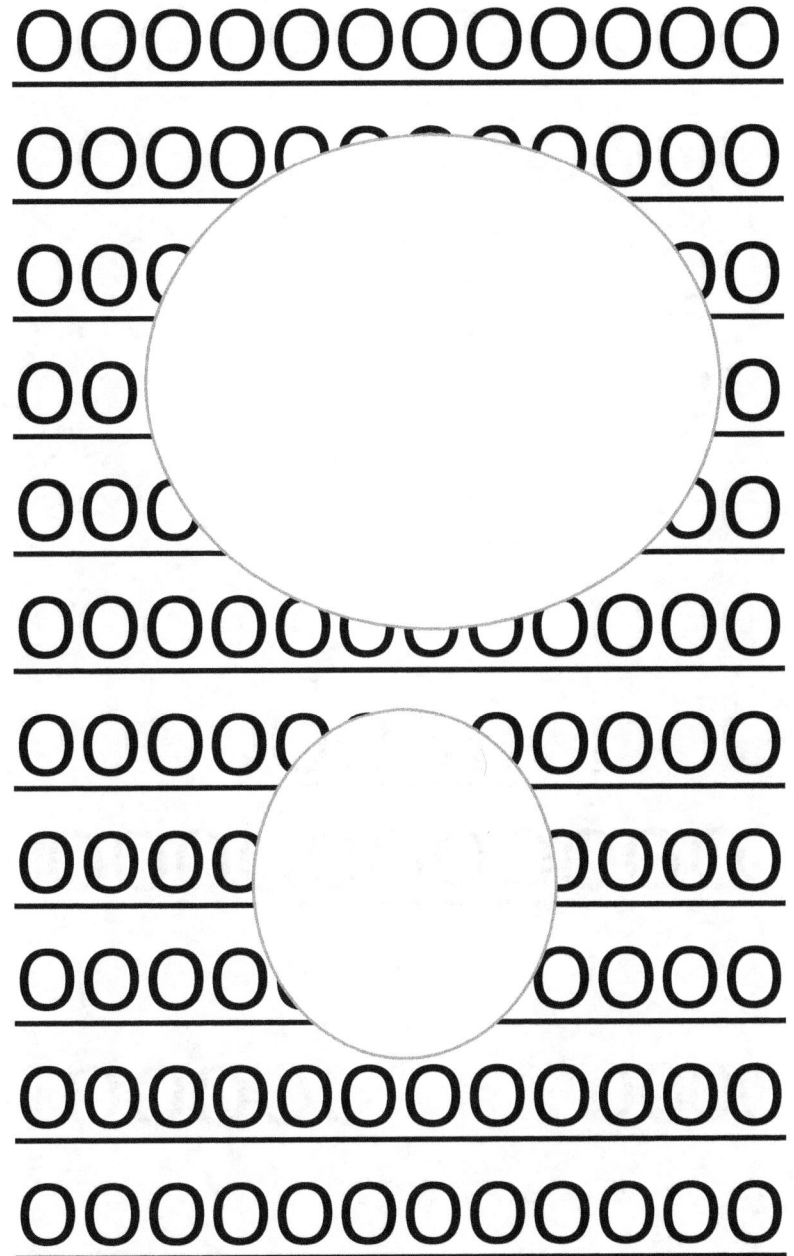

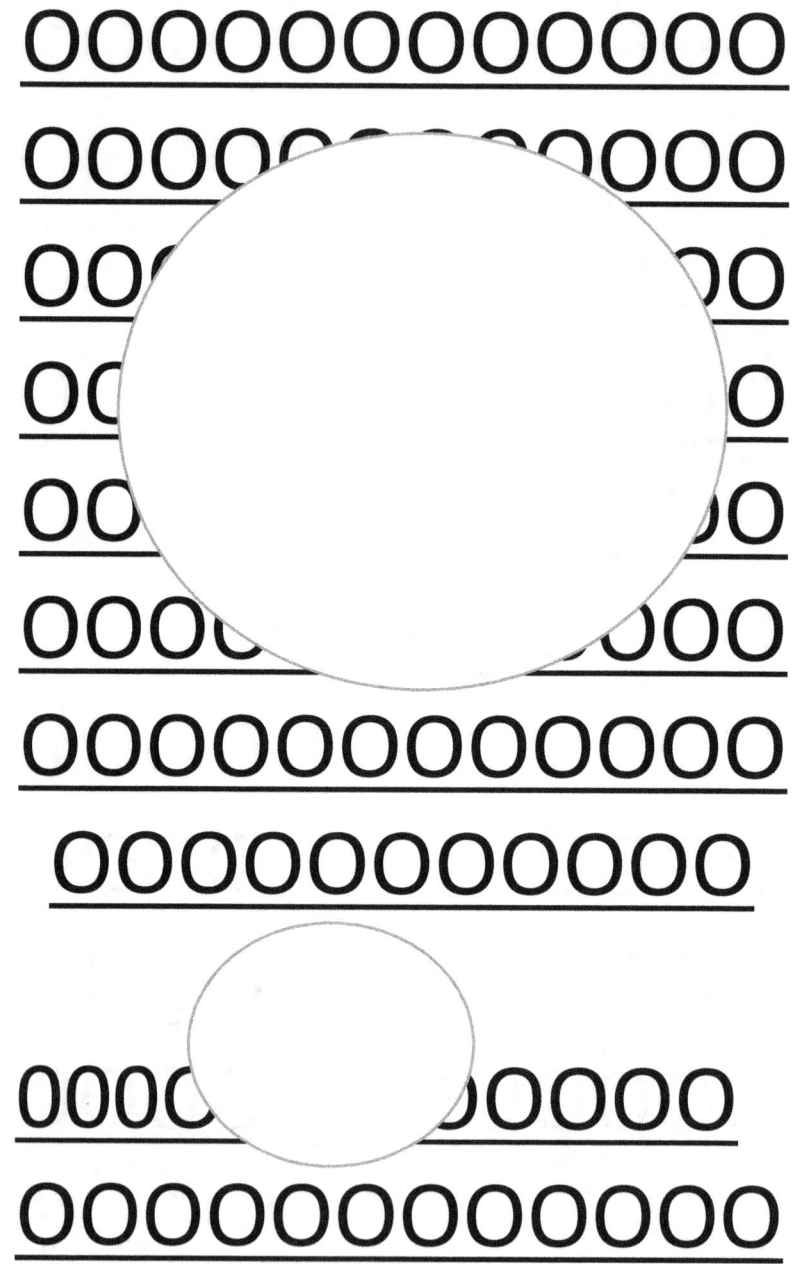

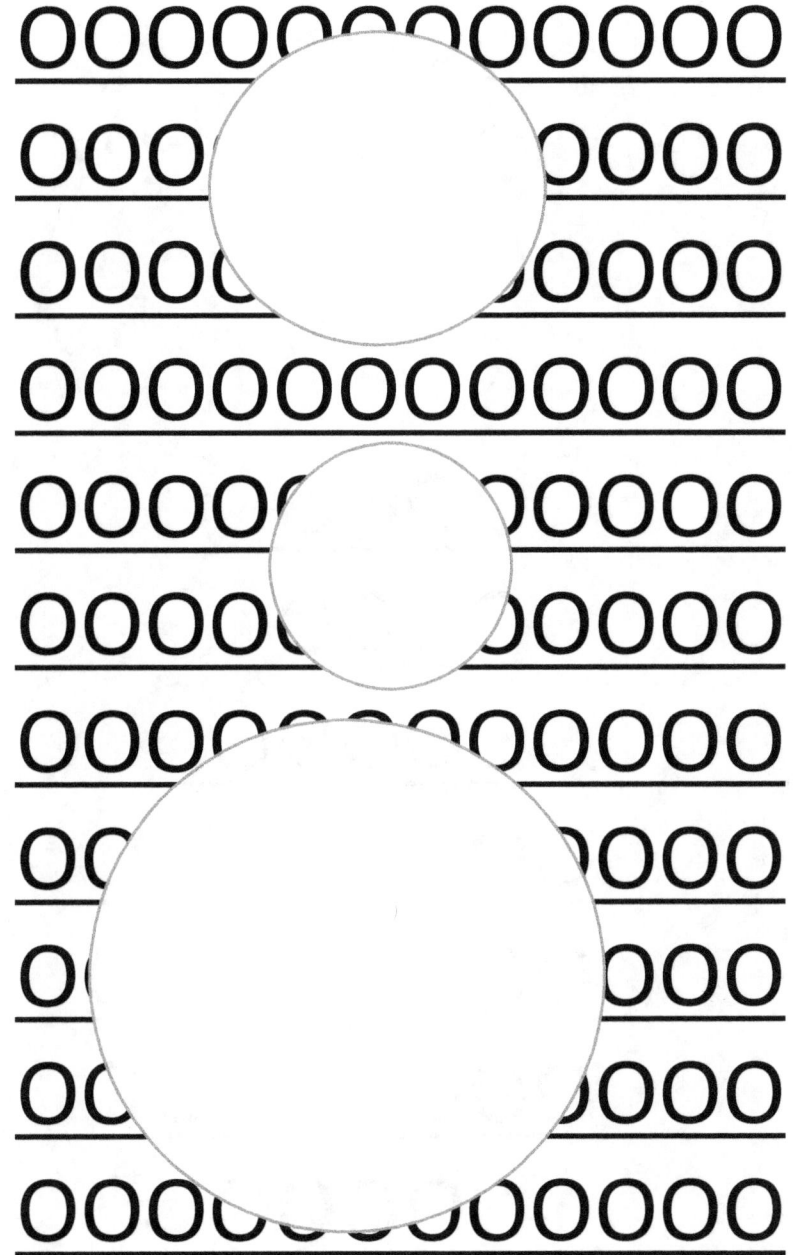

OOOOOOOOOOO
OOOOO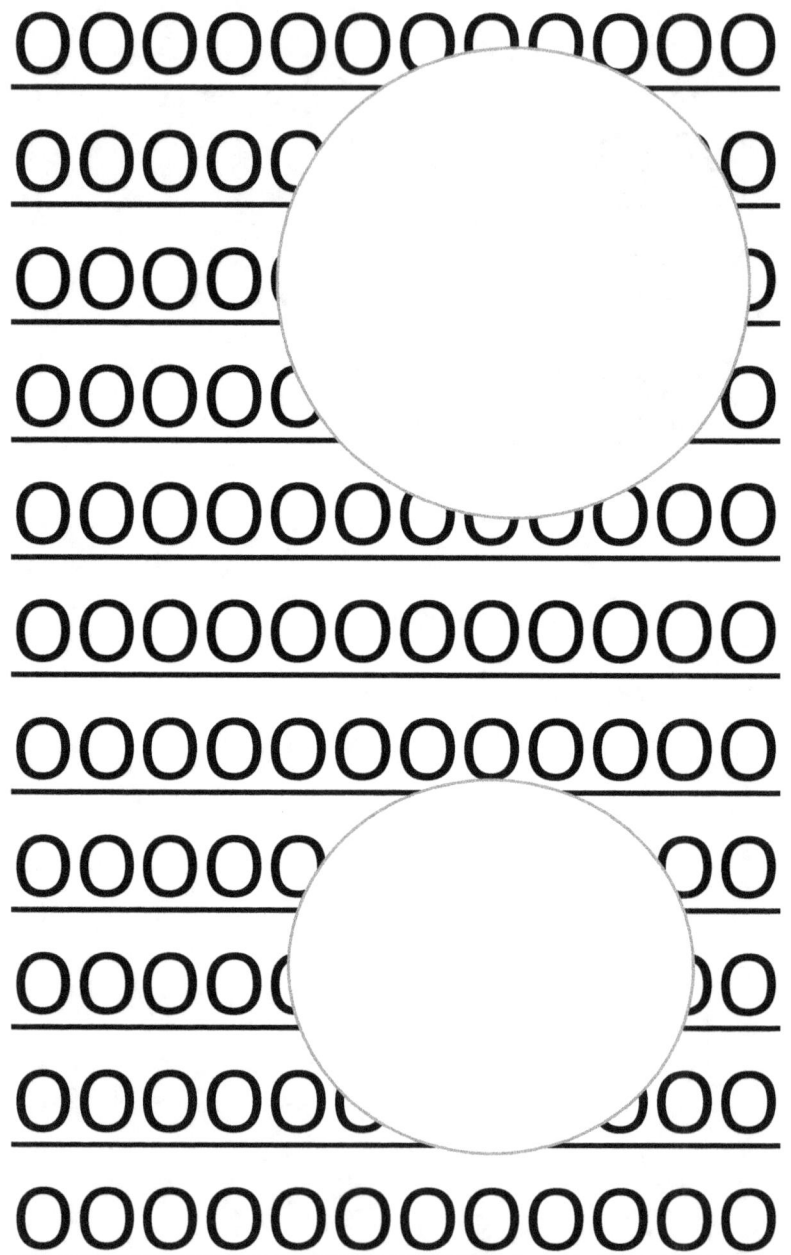O
OOOOO   O
OOOOO   O
OOOOOOOOOOO
OOOOOOOOOOO
OOOOOOOOOOO
OOOOO   OO
OOOOO   OO
OOOOOO   OOO
OOOOOOOOOOO

OOOOOOOOOOOOO
OOOOOOOOOOOOO
OOOOOOOOOOOOO
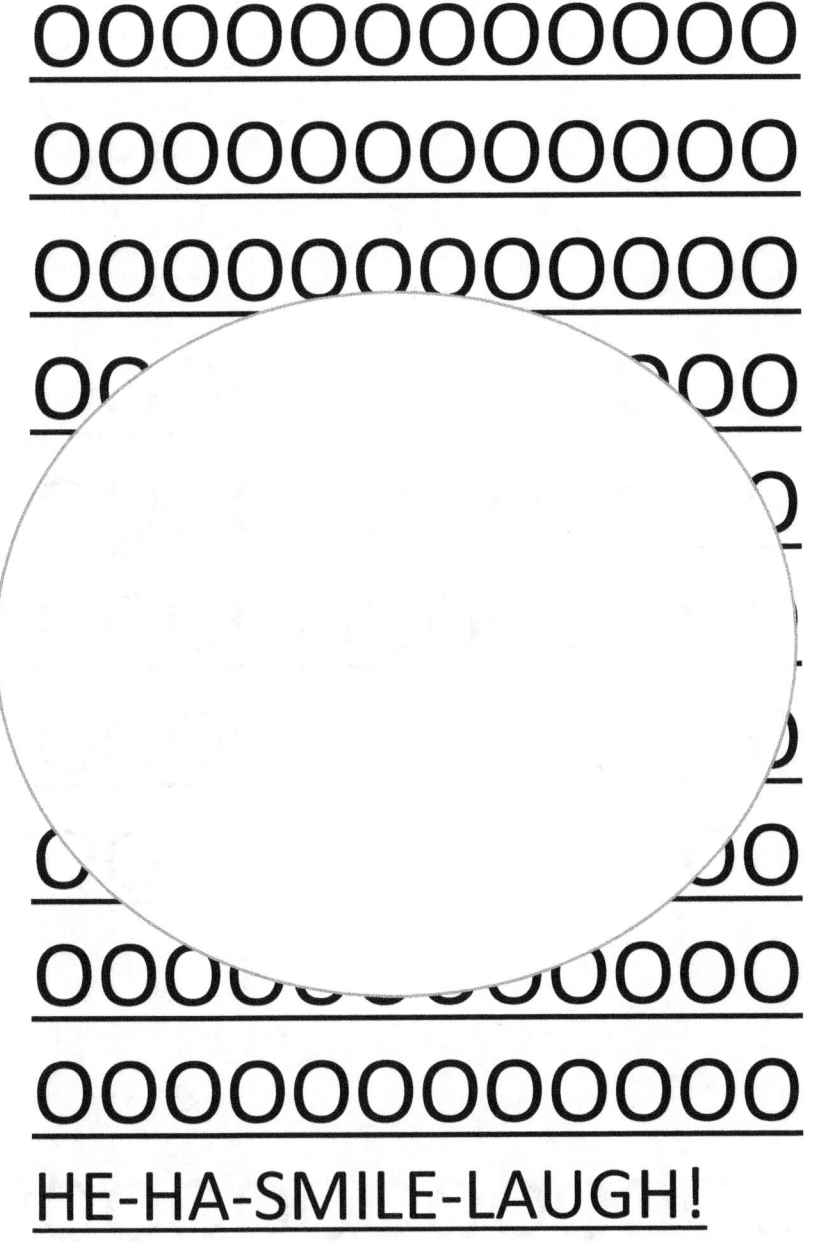
OOOOOOOOOOOOO

HE-HA-SMILE-LAUGH!

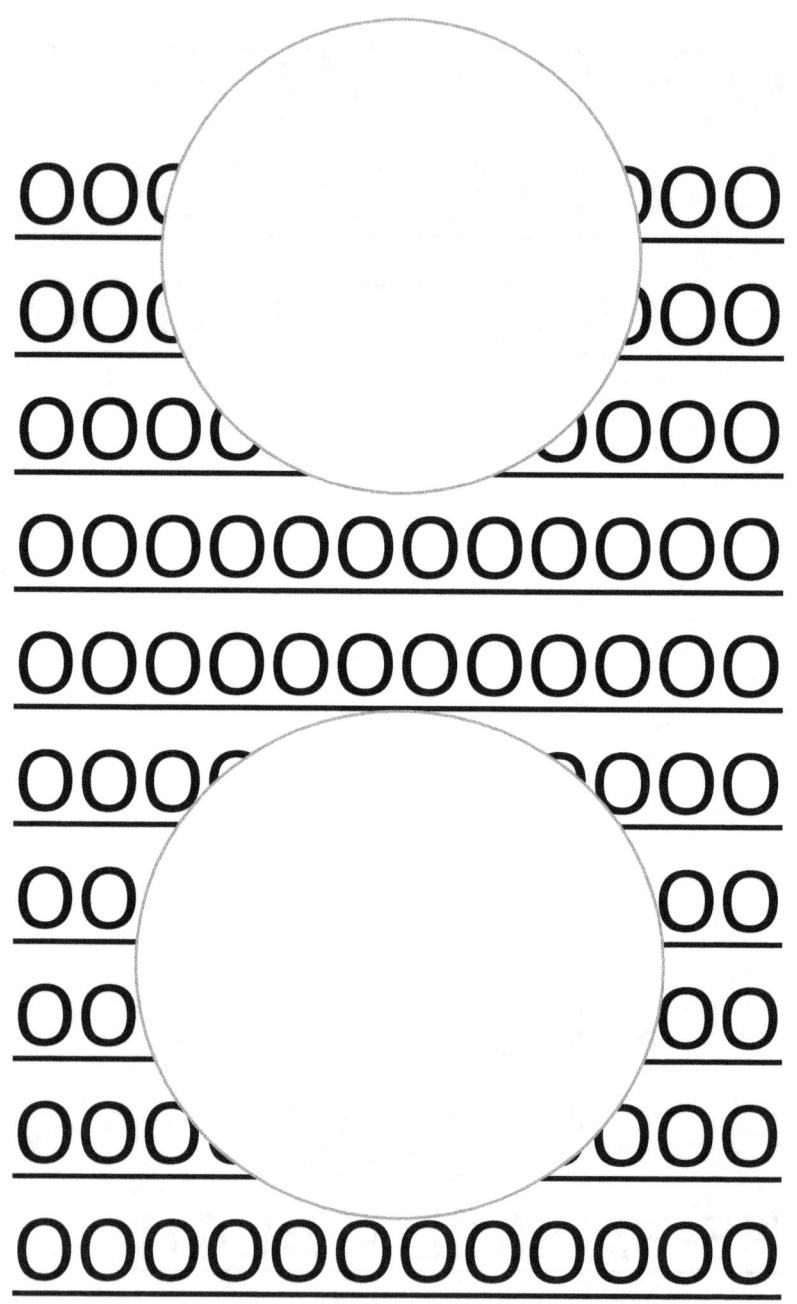

OOOOOOOOOOOOO

OOOOOOOOOOOOO

OOOOOOOOOOOOO

OOOOOOOOOOOOO

OOOOOOOOOOOOO

OOOOOOOOOOOOO

BELLY-HOOP-SMILE

SING-SMILE-SCREAM

HALLEIUJAH-cause

it's a great day to

be Alive!

Beautiful... HAHAHAHA!
CIRCLES
ARE
BEAUTIFUL
TO
COLOR...
When
They're
Representing
Love
God bless!

Jacqueline Kelley

www.ingramcontent.com/pod-product-compliance
Lightning Source LLC
Chambersburg PA
CBHW071548170526
45166CB00004B/1584